3.-4. Schuljahr

Gabriela Rosenwald

Andersens Märchen an Stationen

Individuelles Lernen

Differenzierend

Motivierend

- Übersichtliche Aufgabenkarten
- Schnelle Vorbereitung
- Mit Lösungen zur Selbstkontrolle

Lernen mit Erfolg
KOHL VERLAG
www.kohlverlag.de

Andersens Märchen an Stationen

3.-4. Schuljahr

1. Auflage 2024

Inhalt: Gabriela Rosenwald
Umschlagbild: © diavolessa - AdobeStock.com
Redaktion: Kohl-Verlag
Grafik & Satz: Eva-Maria Noack / Kohl-Verlag
Druck: farbo prepress GmbH, Köln

Bestell-Nr. 13 004

ISBN: 978-3-98841-028-3

Bildquellen © AdobeStock.com:

S. 2: Africa Studioo; **S. 3**: Emilio Ereza, Floki Fotos; **S. 6**: matiasdelcarmine; **S. 7**: Iv85, contributeur0613; **S. 8**: contributeur0613, Hasmik; **S. 9**: namosh, contributeur0613; **S. 10**: andreapetrlik; **S. 11**: honeyflavour (2x), Actomic, SRITE KHATUN, **S. 12**: Thomas Leonhardy, honeyflavour (2x), **S. 13**: KurArt, **S. 14**: KurArt, Thomas Leonhardy; **S. 17**: matiasdelcarmine; **S. 18**: Yael Weiss; **S. 19**: matiasdelcarmine; **S. 21**: Happypictures (2x); **S. 22**: Happypictures; **S. 23**: Happypictures (2x); **S. 24**: Happypictures; **S. 25**: Happypictures; **S. 26**: Happypictures (2x); **S. 27**: Happypictures (2x); **S. 28**: Happypictures; **S. 29**: Happypictures; **S. 30**: Happypictures; **S. 31**: IgorYegorov, Liliya, Lubo Ivanko; **S. 32**: platinka; **S. 33**: Liliya; **S. 34**: Good Studio; **S. 35**: honeyflavour (2x); **S. 36**: honeyflavour (2x); **S. 37**: honeyflavour; **S. 38**: honeyflavour; **S. 39**: honeyflavour; **S. 40**: honeyflavour (6x); **S. 41**: honeyflavour (2x); **S. 42**: honeyflavour (2x); **S. 43**: 川崎市民団体Coaクラブ, zolotons; **S. 44**: andreapetrlik; **S. 45**: 川崎市民団体Coaクラブ; **S. 47**: andreapetrlik, ARGATA; **S. 48**: Simply Amazing; **S. 49**: Hasmik (2x); **S. 50**: Hasmik; **S. 51**: Hasmik (2x); **S. 52**: Oksana Smyshliaeva; **S. 53**: Hasmik (5x); **S. 54**: Hasmik (4x); **S. 55**: Christine Wulf, Buch&Bee, WellofMike; **S. 56**: WellofMike, topvectors; **S. 57**: Hasmik, namosh; **S. 58**: Anna Velichkovsky; **S. 59**: AlenaLazareva; **S. 61**: YG Studio, Wire_man; **S. 62**: jiawei, Shalyapina; **S. 63**: TatianaO; **S. 64**: Megan; **S. 66**: efengai, Robert Biedermann; **S. 67**: NoLimitStudio; **S. 68**: NoLimitStudio

Bildquellen © wikimedia.org:

S. 13; **S. 14**; **S. 15**; **S. 16**; **S. 20**; **S. 46**: MONNIN Jacques; **S. 60**; **S. 65**; **S. 66**

Unsere Lizenzmodelle

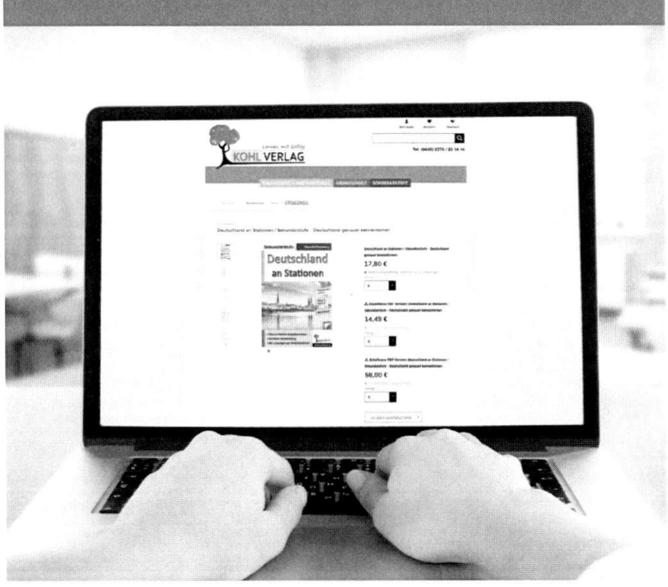

Der vorliegende Band ist eine Print-Einzellizenz

Sie wollen unsere Kopiervorlagen auch digital nutzen? Kein Problem – fast das gesamte KOHL-Sortiment ist auch sofort als PDF-Download erhältlich! Wir haben verschiedene Lizenzmodelle zur Auswahl:

	Print-Version	PDF-Einzellizenz	PDF-Schullizenz	Kombipaket Print & PDF-Einzellizenz	Kombipaket Print & PDF-Schullizenz
Unbefristete Nutzung der Materialien	x	x	x	x	x
Vervielfältigung, Weitergabe und Einsatz der Materialien im eigenen Unterricht	x	x	x	x	x
Nutzung der Materialien durch alle Lehrkräfte des Kollegiums an der lizenzierten Schule			x		x
Einstellen des Materials im Intranet oder Schulserver der Institution			x		x

Die erweiterten Lizenzmodelle zu diesem Titel sind jederzeit im Online-Shop unter www.kohlverlag.de erhältlich.

Inhalt

Hans Christian Andersen
wurde am 2. April 1805 in Odense (Dänemark) geboren.
Er starb am 4. August 1875 in Rolighed.

ANDERSENS MÄRCHEN AN STATIONEN
Kopiervorlagen zum Einsatz in der Grundschule – Bestell-Nr. 13 004
KOHL VERLAG

Inhalt

ANDERSENS MÄRCHEN AN STATIONEN
Kopiervorlagen zum Einsatz in der Grundschule – Bestell-Nr. 13 004
KOHL VERLAG

Vorwort

Der Däne Hans Christian Andersen schrieb, im Gegensatz zu den Brüdern Grimm, nicht die Märchen auf, die er erzählt bekam, sondern erfand eigene Geschichten, die sogenannten Kunstmärchen. Hans Christian Andersen, der seinen Namen als Verfasser stets H. C. Andersen abkürzte, wurde durch die zahlreichen Märchen berühmt – über 150 insgesamt. „Däumelinchen", „Die Prinzessin auf der Erbse" und „Die kleine Meerjungfrau" sind nur einige Beispiele dafür.

Da die Märchen überwiegend sehr lang sind, habe ich sie ein wenig gekürzt, ich denke, ohne dass vom Inhalt etwas verloren gegangen ist. Sie finden die Geschichten in einzelnen Teilen zur Bearbeitung, damit die Kinder nicht allzu viel auf einmal lesen müssen.

Die Schneekönigin ist stark gekürzt. Sie können das vollständige Märchen im Internet herunterladen. Vielleicht möchten Sie es in der Klasse vorlesen (lassen).
Zu „Däumelinchen" gibt es ein separates Arbeitsheft.

Dieses Arbeitsheft ist optimales Freiarbeitsmaterial in drei Niveaustufen zur Differenzierung mit Lösungen zur Selbstkontrolle. Die Kopiervorlagen sind vorgesehen zum Einsatz im 3. und 4. Schuljahr. Sie beinhalten 7 Märchen. Zu jedem Kapitel gibt es verschiedene Aufgaben. Je nach Leistungsvermögen können die Schüler unterschiedliche Aufgaben zu den Märchen erarbeiten. Fragen zu den einzelnen Texten und Rätsel helfen ihnen dabei, den Märchenaufbau zu erfassen. Die freie Wahl der Reihenfolge und die Selbstkontrolle fördern das selbstständige Lernen.

Die Stationskarten enthalten drei verschiedene Schwierigkeitsstufen:

⊙	grundlegendes Niveau
!	mittleres Niveau
★	erweitertes Niveau

Viel Freude mit diesem spannenden Thema wünschen Ihnen und Ihren Schülerinnen und Schülern der Kohl-Verlag und

Gabriela Rosenwald

KOHL VERLAG Lernen mit Erfolg
ANDERSENS MÄRCHEN AN STATIONEN
Kopiervorlagen zum Einsatz in der Grundschule – Bestell-Nr. 13 004

Arbeitspass

Name: ______________________________

Klasse: ______________

Station	Thema	begonnen	erledigt

KOHL VERLAG Lernen mit Erfolg
ANDERSENS MÄRCHEN AN STATIONEN
Kopiervorlagen zum Einsatz in der Grundschule – Bestell-Nr. 13 004

1 Station

Die Prinzessin auf der Erbse I – Multiple choice

Es war einmal ein Prinz, der wollte eine Prinzessin heiraten. Aber das sollte eine wirkliche Prinzessin sein. Da reiste er in der ganzen Welt herum, um eine solche zu finden, aber überall fehlte etwas. Prinzessinnen gab es genug, aber ob es wirkliche Prinzessinnen waren, konnte er nie herausfinden. Immer war da etwas, was nicht ganz in Ordnung war. Da kam er wieder nach Hause und war ganz traurig, denn er wollte doch gern eine wirkliche Prinzessin haben.

Eines Abends zog ein furchtbares Wetter auf; es blitzte und donnerte, der Regen stürzte herab, und es war ganz entsetzlich. Da klopfte es an das Stadttor, und der alte König ging hin, um aufzumachen.

Es war eine Prinzessin, die draußen vor dem Tor stand. Aber wie sah sie vom Regen und dem bösen Wetter aus! Das Wasser lief ihr von den Haaren und Kleidern herab, lief in die Schnäbel der Schuhe hinein und zum Absatz wieder hinaus. Sie sagte, dass sie eine wirkliche Prinzessin wäre.

„Ja, das werden wir schon erfahren!" dachte die alte Königin, aber sie sagte nichts, ging in die Schlafkammer hinein, nahm alles Bettzeug ab und legte eine Erbse auf den Boden der Bettstelle. Dann nahm sie zwanzig Matratzen, legte sie auf die Erbse und dann noch zwanzig Daunendecken oben auf die Matratzen.

Hier sollte nun die Prinzessin die ganze Nacht über liegen.

Kreuze die richtigen Antworten an.

a) *Wie war das Wetter am Abend?*

sonnig		trüb		Blitz und Donner	

b) *Wer bereitete das Bett für die Prinzessin vor?*

König		Königin		Prinz	

c) *Was wurde unter die Decken und Matratzen gelegt?*

Bohne		Linse		Erbse	

d) *Wer hatte die Idee, der Prinzessin etwas unter die Matratzen und Decken zu legen?*

Prinz		Hausmädchen		Königin	

ANDERSENS MÄRCHEN AN STATIONEN
Kopiervorlagen zum Einsatz in der Grundschule – Bestell-Nr. 13 004
KOHL VERLAG

1 Station

Lösung

Die Prinzessin auf der Erbse I – Multiple choice

a) Blitz und Donner

b) die Königin

c) eine Erbse

d) die Königin

Male das Bild farbig aus!

ANDERSENS MÄRCHEN AN STATIONEN
Kopiervorlagen zum Einsatz in der Grundschule – Bestell-Nr. 13 004
KOHL VERLAG

Station 1

Die Prinzessin auf der Erbse II – Fragen zum Text

Am Morgen wurde sie gefragt, wie sie geschlafen hätte.
„Oh, entsetzlich schlecht!" sagte die Prinzessin. „Ich habe fast die ganze Nacht kein Auge geschlossen! Gott weiß, was in meinem Bett gewesen ist. Ich habe auf etwas Hartem gelegen, so dass ich am ganzen Körper ganz braun und blau bin! Es ist ganz entsetzlich!"
Daran konnte man sehen, dass sie eine wirkliche Prinzessin war, da sie durch die zwanzig Matratzen und die zwanzig Eiderdaunendecken die Erbse gespürt hatte. So feinfühlig konnte niemand sein außer einer echten Prinzessin.
Da nahm sie der Prinz zur Frau, denn nun wusste er, dass er eine wirkliche Prinzessin gefunden hatte. Und die Erbse kam in die Kunstkammer, wo sie noch zu sehen ist, wenn sie niemand gestohlen hat.

a) *Wie hatte die Prinzessin geschlafen? Berichte!*

b) *Was wusste der Prinz nun genau?*

c) *Wo war der Prinz herumgereist, um eine echte Prinzessin zu finden?*

d) *Was geschah mit der Erbse?*

e) *Male die Prinzessin auf den 20 verschiedenen Matratzen. Jede Matratze hat ein anders Muster. Nimm dazu ein großes Blatt.*

ANDERSENS MÄRCHEN AN STATIONEN
Kopiervorlagen zum Einsatz in der Grundschule – Bestell-Nr. 13 004
KOHL VERLAG

1 Station

Lösung

Die Prinzessin auf der Erbse II – Fragen zum Text

a) „Oh, entsetzlich schlecht!" sagte die Prinzessin. „Ich habe fast die ganze Nacht kein Auge geschlossen! Gott weiß, was in meinem Bett gewesen ist. Ich habe auf etwas Hartem gelegen, sodass ich am ganzen Körper ganz braun und blau bin! Es ist ganz entsetzlich!"

b) Der Prinz wusste nun, dass er nun eine wirkliche Prinzessin gefunden hatte.

c) Der Prinz war in der ganzen Welt herumgereist.

d) Die Erbse kam in die Kunstkammer.

e) Vorschlag:

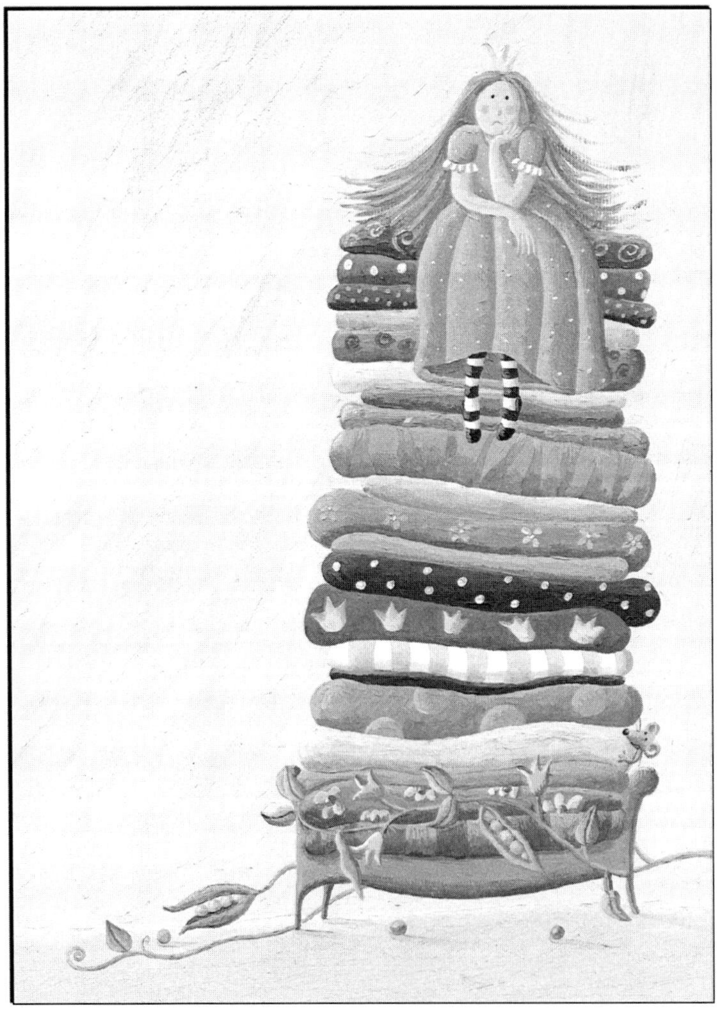

ANDERSENS MÄRCHEN AN STATIONEN
Kopiervorlagen zum Einsatz in der Grundschule – Bestell-Nr. 13 004
KOHL VERLAG

Station 2

Des Kaisers neue Kleider I – Fragen zum Text

Vor vielen Jahren lebte ein Kaiser, der all sein Geld für neue Kleider ausgab. Er kümmerte sich nicht um seine Soldaten und liebte es nicht, in den Wald zu fahren, außer um seine neuen Kleider zu zeigen. Er hatte einen Rock für jede Stunde des Tages!

An jedem Tag kamen viele Fremde in die Stadt. Eines Tages kamen auch zwei Betrüger. Sie gaben sich für Weber aus und sagten, dass sie das schönste Zeug, was man sich denken könne, zu weben verstanden. Und wer dumm wäre oder nicht zu seinem Amt taugte, könne den Stoff gar nicht sehen.

„Das wären ja prächtige Kleider", dachte der Kaiser. „Wenn ich solche hätte, könnte ich ja dahinterkommen, welche Männer in meinem Reiche zu dem Amte, das sie haben, nicht taugen, ich könnte die Klugen von den Dummen unterscheiden! Ja, das Zeug muss sogleich für mich gewebt werden!" Er gab den beiden Betrügern viel Geld, damit sie ihre Arbeit beginnen sollten.

Sie stellten auch zwei Webstühle auf. Sie verlangten die feinste Seide und das prächtigste Gold. Das steckten sie aber in ihre eigene Tasche und arbeiteten bis spät in die Nacht hinein.

a) *Der Kaiser war sehr eitel. Wie zeigte sich das?*

b) *Was behaupteten die Betrüger zu sein?*

c) *Wie wurden die Stoffe beschrieben?*

d) *Was dachte der Kaiser darüber?*

e) *Was gab er den Männern?*

ANDERSENS MÄRCHEN AN STATIONEN
Kopiervorlagen zum Einsatz in der Grundschule – Bestell-Nr. 13 004
KOHL VERLAG

2 Station

Des Kaisers neue Kleider I

Lösung

a) Der Kaiser gab all sein Geld für neue Kleider aus. Er kümmerte sich nicht um seine Soldaten und ging nur aus, um seine neuen Kleider zu zeigen. Für jede Stunde des Tages hatte er einen Rock.

b) Die Betrüger gaben sich als Weber aus.

c) Die Farben und das Muster sind allein ungewöhnlich schön. Die Kleider, die davon genäht würden, sollten die wunderbare Eigenschaft besitzen, für jeden Menschen unsichtbar zu sein, der nicht für sein Amt tauge oder der unverzeihlich dumm sei.

d) Das wären ja prächtige Kleider! Ich würde erfahren, welche Männer in meinem Reich nicht zu ihrem Amt taugen, oder sogar dumm wären! Aus dem Stoff muss ich Kleider haben!

e) Der Kaiser gab den Betrügern viel Geld, dazu feinste Seide und prächtiges Gold.

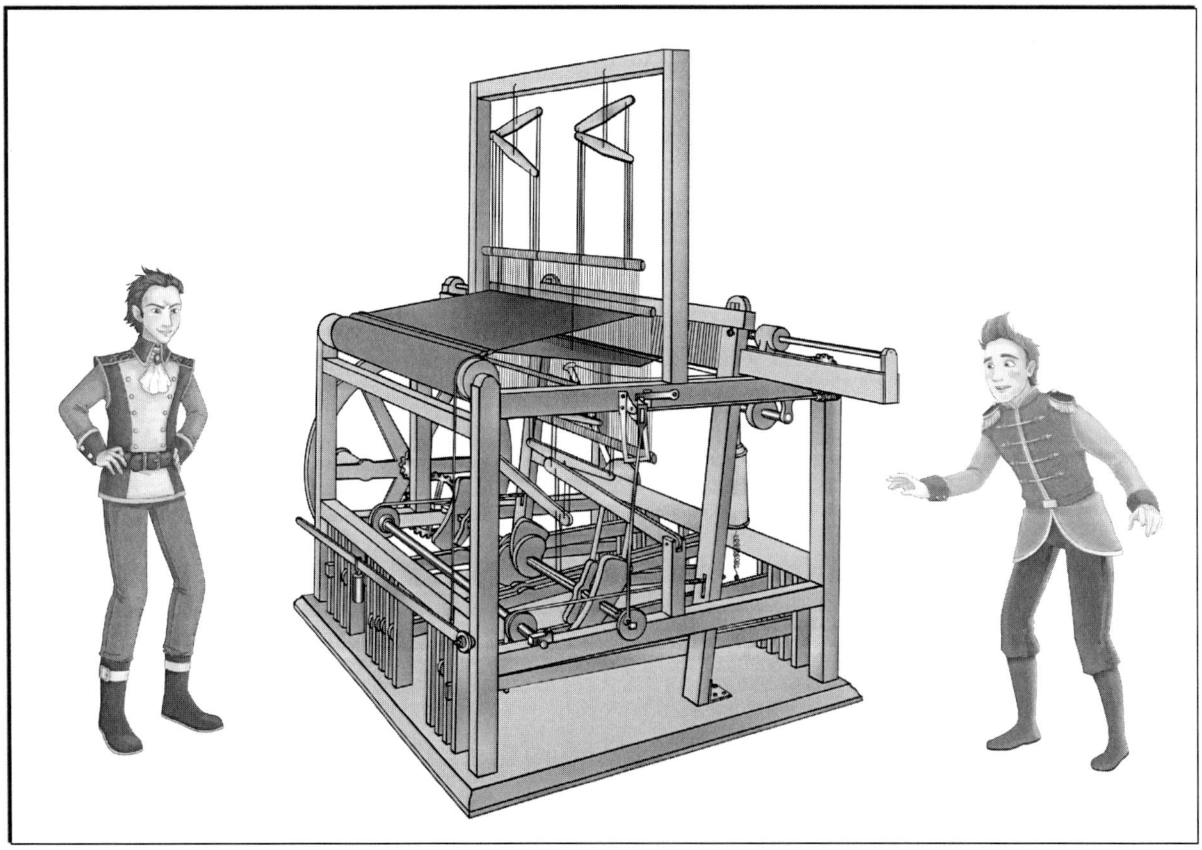

2 Station

Des Kaisers neue Kleider II – Satzzeichen

„Nun möchte ich doch wissen, wie weit sie mit dem Zeuge sind!", dachte der Kaiser. Aber wenn er daran dachte, dass keiner, der dumm sei, es sehen könne, bekam er Angst. Er glaubte zwar, dass er für sich selbst nichts zu fürchten brauche, aber er wollte doch erst einen andern senden, um zu sehen, wie es damit stehe.

Hier fehlen alle Anführungszeichen zur wörtlichen Rede. Setze sie ein!

_ Ich will meinen alten, ehrlichen Minister zu den Webern senden _ dachte der Kaiser, _ er kann am besten beurteilen, wie der Stoff ist, denn er hat Verstand, und keiner versieht sein Amt besser als er! _

Nun ging der alte, gute Minister in den Saal hinein, wo die zwei Betrüger saßen und an den leeren Webstühlen arbeiteten. _ Gott behüte uns! _ dachte der alte Minister und riss die Augen auf. _Ich kann ja nichts erblicken! _ Aber das sagte er nicht.

Beide Betrüger baten ihn näher zu treten und fragten, ob es nicht ein hübsches Muster und schöne Farben seien. Der arme, alte Minister fuhr fort, die Augen aufzureißen, aber er konnte nichts sehen. _ Herrgott _, dachte er, _ sollte ich dumm sein? Das habe ich nie geglaubt, und das darf kein Mensch wissen! Nein, es geht nicht an, dass ich erzähle, ich könne das Zeug nicht sehen! _

_ Nun, Sie sagen nichts dazu? _, fragte der eine von den Webern. _ Oh, es ist niedlich, ganz toll! _ antwortete der alte Minister und sah durch seine Brille. _ Ja, ich werde dem Kaiser sagen, dass es mir sehr gefällt! _ _ Nun, das freut uns! _ sagten beide Weber.

Nun verlangten die Betrüger mehr Geld, mehr Seide und mehr Gold zum Weben. Sie steckten alles in ihre eigenen Taschen, aber sie fuhren fort wie bisher, an den leeren Stühlen zu arbeiten.

ANDERSENS MÄRCHEN AN STATIONEN
Kopiervorlagen zum Einsatz in der Grundschule – Bestell-Nr. 13 004
KOHL VERLAG

2 Station

!

Lösung

Des Kaisers neue Kleider II – Satzzeichen

„Ich will meinen alten, ehrlichen Minister zu den Webern senden", dachte der Kaiser, „er kann am besten beurteilen, wie der Stoff ist, denn er hat Verstand, und keiner versieht sein Amt besser als er!"
Nun ging der alte, gute Minister in den Saal hinein, wo die zwei Betrüger saßen und an den leeren Webstühlen arbeiteten. „Gott behüte uns!" dachte der alte Minister und riss die Augen auf. „Ich kann ja nichts erblicken!" Aber das sagte er nicht. Beide Betrüger baten ihn näher zu treten und fragten, ob es nicht ein hübsches Muster und schöne Farben seien. Der arme, alte Minister fuhr fort, die Augen aufzureißen, aber er konnte nichts sehen. „Herrgott", dachte er, „sollte ich dumm sein? Das habe ich nie geglaubt, und das darf kein Mensch wissen! Nein, es geht nicht an, dass ich erzähle, ich könne das Zeug nicht sehen!"
„Nun, Sie sagen nichts dazu?", fragte der eine von den Webern. „Oh, es ist niedlich, ganz toll!", antwortete der alte Minister und sah durch seine Brille. „Ja, ich werde dem Kaiser sagen, dass es mir sehr gefällt!" „Nun, das freut uns!", sagten beide Weber.
Nun verlangten die Betrüger mehr Geld, mehr Seide und mehr Gold zum Weben. Sie steckten alles in ihre eigenen Taschen, aber sie fuhren fort wie bisher, an den leeren Stühlen zu arbeiten.

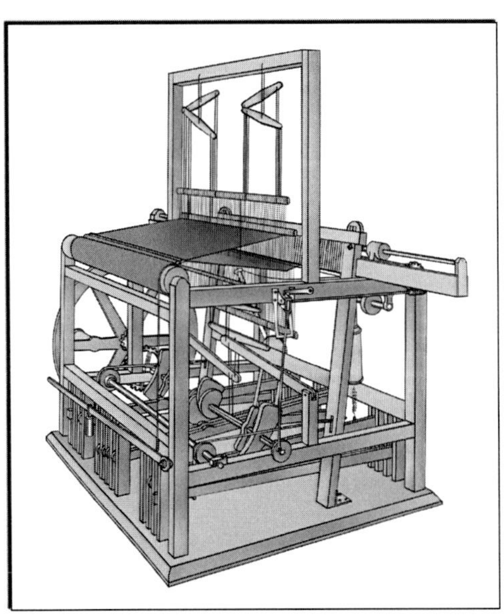

ANDERSENS MÄRCHEN AN STATIONEN
Kopiervorlagen zum Einsatz in der Grundschule – Bestell-Nr. 13 004
KOHL VERLAG

2 Station

Des Kaisers neue Kleider III – Adjektive suchen

Der Kaiser sandte bald wieder einen anderen tüchtigen Staatsmann hin, um zu sehen, ob das Zeug bald fertig sei. Es ging ihm aber gerade wie dem ersten, er guckte und guckte. Weil aber außer dem Webstuhl nichts da war, so konnte er nichts sehen.
„Dumm bin ich nicht", dachte der Mann, „es ist also mein Amt, zu dem ich nicht tauge! Das muss man sich nicht anmerken lassen!" Daher lobte er das Zeug, das er nicht sah. „Ja, es ist ganz toll!", sagte er zum Kaiser.
Alle Menschen in der Stadt sprachen von dem prächtigen Zeug. Nun wollte der Kaiser es selbst sehen. Mit einigen auserwählten Männern ging er zu den beiden listigen Betrügern hin, die nun aus allen Kräften webten, aber ohne Fäden.
„Ja, ist das nicht prächtig?", sagten die Staatsmänner. „Wollen Eure Majestät sehen, welches Muster, welche Farben?" Und dann zeigten sie auf den leeren Webstuhl, denn sie glaubten, dass die andern das Zeug wohl sehen könnten.
„Was!", dachte der Kaiser, „ich sehe gar nichts! Das ist ja schrecklich! Bin ich dumm? Tauge ich nicht dazu, Kaiser zu sein? Das wäre das Schrecklichste, was mir begegnen könnte." „Oh, es ist sehr hübsch", sagte er, „es hat meinen allerhöchsten Beifall!" Und er nickte zufrieden und betrachtete den leeren Webstuhl. Er wollte nicht sagen, dass er nichts sehen konnte. Das ganze Gefolge sagte gleich wie der Kaiser: „Oh, das ist hübsch!", und sie rieten ihm, diese neuen wunderbaren Kleider das erste Mal bei dem großen Feste, das bevorstand, zu tragen.
„Es ist herrlich, toll, ausgezeichnet!", ging es von Mund zu Mund, und man schien allerseits erfreut darüber. Der Kaiser verlieh jedem der Betrüger ein Ritterkreuz, um es in das Knopfloch zu hängen, und den Titel Hofweber.

Schreibe alle Adjektive (Wiewörter) aus diesem Text auf. (Jedes nur einmal!) Bilde mit jedem einen Satz, der sich auf das Märchen bezieht.

ANDERSENS MÄRCHEN AN STATIONEN
Kopiervorlagen zum Einsatz in der Grundschule – Bestell-Nr. 13 004
KOHL VERLAG

Station 2

Des Kaisers neue Kleider III – Adjektive suchen

!

Lösung

Lösungsvorschlag:

tüchtig	Der Staatsmann war tüchtig.
dumm	Der Kaiser war nicht dumm.
toll	Der Stoff sollte toll sein.
prächtig	Die Farben sollten prächtig sein.
auserwählt	Das Muster war auserwählt.
listig	Die Weber waren listig.
leer	Der Webstuhl war leer.
schrecklich	Es wäre schrecklich, wenn der Kaiser nicht zu seinem Amt taugte.
hübsch	Die Kleider würden hübsch werden.
allerhöchst	Das Zeug findet den allerhöchsten Beifall.
zufrieden	Der Kaiser war zufrieden.
neu	Die Muster waren neu.
wunderbar	Die Farben leuchteten wunderbar.
groß	Es gab ein großes Fest.
herrlich	Es würde herrlich sein.
ausgezeichnet	Die Idee ist ausgezeichnet.
erfreut	Der Kaiser nickte erfreut.

KOHL VERLAG ANDERSENS MÄRCHEN AN STATIONEN Kopiervorlagen zum Einsatz in der Grundschule – Bestell-Nr. 13 004

2 Station ★

Des Kaisers neue Kleider IV – Rollenspiel

Die ganze Nacht vor dem Morgen, an dem das Fest stattfinden sollte, waren die Betrüger auf und hatten sechzehn Lichter angezündet, damit man sie auch recht gut bei ihrer Arbeit beobachten konnte. Sie taten, als ob sie das Zeug aus dem Webstuhl nähmen, sie schnitten in die Luft mit großen Scheren, sie nähten mit Nähnadeln ohne Faden und sagten zuletzt: „Sieh, nun sind die Kleider fertig!"
Der Kaiser mit seinen vornehmsten Beamten kam selbst, und beide Betrüger hoben den einen Arm in die Höhe, gerade, als ob sie etwas hielten, und sagten: „Seht, hier sind die Beinkleider, hier ist das Kleid, hier ist der Mantel!", und so weiter. „Es ist so leicht wie Spinnwebe; man sollte glauben, man habe nichts auf dem Körper, aber das ist gerade die Schönheit dabei!" „Ja!", sagten alle Beamten, aber sie konnten nichts sehen, denn es war nichts da.
„Belieben Eure Kaiserliche Majestät Ihre Kleider abzulegen", sagten die Betrüger, „so wollen wir Ihnen die neuen hier vor dem großen Spiegel anziehen!" Der Kaiser legte seine Kleider ab, und die Betrüger stellten sich, als ob sie ihm ein jedes Stück der neuen Kleider anzogen. Der Kaiser wendete und drehte sich vor dem Spiegel. „Wie gut sie kleiden, wie herrlich sie sitzen!", sagten alle. „Draußen stehen sie mit dem Thronhimmel, der über Eurer Majestät getragen werden soll!", meldete der Oberzeremonienmeister. „Seht, ich bin ja fertig!", sagte der Kaiser. „Sitzt es nicht gut?" Die Kammerherren, die das Recht hatten, die Schleppe zu tragen, griffen mit den Händen gegen den Fußboden, als ob sie die Schleppe aufhöben. Sie wagten es nicht, es sich anmerken zu lassen, dass sie nichts sehen konnten.

a) *Was machten die Betrüger in der Nacht vor dem Fest?*

b) *Wer erschien mit dem Kaiser zur Anprobe der Kleider?*

c) *Wie stellst du dir die Kleider vor? Male sie auf.*

d) *Spielt die Szene nach. Ihr braucht die beiden Weber, den Kaiser und seine Minister als Darsteller.*

KOHL VERLAG
ANDERSENS MÄRCHEN AN STATIONEN
Kopiervorlagen zum Einsatz in der Grundschule – Bestell-Nr. 13 004

Station 2

Des Kaisers neue Kleider IV – Rollenspiel

★ Lösung

a) Die Betrüger hatten 16 Lichter angezündet, damit man ihre Arbeit auch gut beobachten konnte. Sie taten, als ob sie das Zeug aus dem Webstuhl nähmen, sie schnitten in die Luft mit großen Scheren, sie nähten mit Nähnadeln ohne Faden.

b) Der Kaiser erschien mit seinen vornehmsten Beamten.

c) Vorschlag siehe unten

d) eigene Antworten und Ideen

Des Kaisers neue Kleider V – Lückentext

Setze die fehlenden Wörter in den Text ein.

Kind – Kammerherren – nichts – Unschuld – Menschen – Volk – Kaiser – dumm – unvergleichlich

So ging der ______________ unter dem prächtigen Thronhimmel, und alle __________________ auf der Straße und in den Fenstern sprachen: „Wie sind des Kaisers neue Kleider ____________________!
Welche Schleppe er am Kleide hat! Wie schön sie sitzt!" Keiner wollte es sich merken lassen, dass er ____________ sah, denn dann hätte er ja nicht zu seinem Amte getaugt oder wäre sehr _________ gewesen.

„Aber er hat ja gar nichts an!" sagte endlich ein kleines _________! „Hört die Stimme der _________________!" sagte der Vater. Und der eine zischelte dem andern zu, was das Kind gesagt hatte.

„Aber er hat ja gar nichts an!" rief zuletzt das ganze ______________. Das ergriff den Kaiser, denn das Volk schien ihm Recht zu haben. Aber er dachte bei sich: „Nun muss ich aushalten." Und die ______________________ gingen und trugen die Schleppe, die gar nicht da war.

ANDERSENS MÄRCHEN AN STATIONEN
Kopiervorlagen zum Einsatz in der Grundschule – Bestell-Nr. 13 004
KOHL VERLAG

Station 2

Des Kaisers neue Kleider V – Lückentext

Lösung

So ging der Kaiser unter dem prächtigen Thronhimmel, und alle Menschen auf der Straße und in den Fenstern sprachen: „Wie sind des Kaisers neue Kleider unvergleichlich! Welche Schleppe er am Kleide hat! Wie schön sie sitzt!" Keiner wollte es sich merken lassen, dass er nichts sah, denn dann hätte er ja nicht zu seinem Amte getaugt oder wäre sehr dumm gewesen.

„Aber er hat ja gar nichts an!", sagte endlich ein kleines Kind. „Hört die Stimme der Unschuld!", sagte der Vater. Und der eine zischelte dem andern zu, was das Kind gesagt hatte.

„Aber er hat ja gar nichts an!", rief zuletzt das ganze Volk. Das ergriff den Kaiser, denn das Volk schien ihm Recht zu haben. Aber er dachte bei sich: „Nun muss ich aushalten." Und die Kammerherren gingen und trugen die Schleppe, die gar nicht da war.

KOHL VERLAG ANDERSENS MÄRCHEN AN STATIONEN Kopiervorlagen zum Einsatz in der Grundschule – Bestell-Nr. 13 004

3 Station

Das hässliche Entlein I – Fragen zum Text

Es war Sommer. Im Sonnenschein saß eine Ente auf ihrem Nest und brütete 7 Eier aus. Endlich platzte ein Ei nach dem anderen. „Piep! piep!" sagte es, und alle Entchen streckten die Köpfe heraus.
„Seid ihr alle beisammen?", fragte sie. „Nein, nicht alle! Das größte Ei liegt noch da!" So setzte sie sich wieder auf dieses Ei. Endlich platzte das Ei und das Junge kroch heraus. Es war sehr groß und hässlich!
Am nächsten Tage war herrliches Wetter. Die Entenmutter ging mit ihrer ganzen Familie zum Kanal hinunter. Platsch! Da sprang sie ins Wasser. „Rapp! rapp!", sagte sie, und ein Entlein nach dem andern plumpste hinein. Sie schwammen ganz prächtig und auch das hässliche, graue Junge schwamm mit.

Dann kamen sie in den Entenhof hinein. Die anderen Enten ringsumher betrachteten die Mutter und ihre Küken und sagten ganz laut: „Sieh da! Neue Entlein. Aber pfui! Wie das eine Entlein aussieht, das wollen wir nicht dulden!" Und sogleich flog eine Ente hin und biss es in den Nacken. „Lass es in Ruhe!", sagte die Mutter, „es tut ja niemandem etwas." „Ja, aber es ist zu groß und ungewöhnlich", sagte die andere Ente, „und deshalb muss es gepufft werden." „Es ist nicht hübsch", sagte die Mutter, „aber es ist lieb und schwimmt so herrlich." Und sie glättete dem großen Entlein das Gefieder.

a) *Wohin ging die Entenmutter mit ihren Küken zum Schwimmen?*

b) *Was ist denn ein Kanal?*

c) *Wie schwamm das große Küken?*

d) *Was meinten die anderen Enten im Entenhof zu dem großen Küken?*

e) *Wie verteidigte die Entenmutter ihr Entlein im Entenhof?*
Was sagte sie über das hässliche Entlein?

ANDERSENS MÄRCHEN AN STATIONEN
Kopiervorlagen zum Einsatz in der Grundschule – Bestell-Nr. 13 004
KOHL VERLAG

Lösung

Das hässliche Entlein I – Fragen zum Text

a) Die Entenmutter ging mit ihrer Familie zum Kanal.

b) Kanal ist eine Wasserstraße, die von Menschen angelegt wurde. Meistens ist der Kanal dazu da, dass Schiffe von einem Ort zum anderen fahren können. Manche Kanäle dienen aber auch zur Bewässerung oder zur Entwässerung von Feldern.

c) Auch das große, hässliche Küken schwamm ganz prächtig mit.

d) Sie sagten: „Pfui, Wie dieses Entlein aussieht, das wollen wir nicht haben." Eine Ente biss es in den Nacken, eine andere puffte es.

e) „Lass es in Ruhe! Es ist nicht hübsch", sagte die Mutter, „aber es ist lieb und schwimmt so herrlich."

KOHL VERLAG
ANDERSENS MÄRCHEN AN STATIONEN
Kopiervorlagen zum Einsatz in der Grundschule – Bestell-Nr. 13 004

3 Station

Das hässliche Entlein II – Wie fühlt sich das Entlein?

„Die anderen Entlein sind niedlich", sagte die alte Ente. „Tut nun, als ob ihr zu Hause wäret." Nun waren sie also zu Hause. Aber das arme Entlein, was so hässlich aussah, wurde gebissen, gestoßen und ausgelacht.
So ging es den ersten Tag, und später wurde es schlimmer und schlimmer. Selbst seine Schwestern waren ganz böse zu ihm. Sie sagten immer: „Wenn die Katze dich nur fangen möchte, du hässliches Geschöpf!"
Und die Mutter sagte: „Was soll nur noch aus dir werden!"
Da lief es und flog über den Zaun. Die kleinen Vögel in den Büschen flogen erschrocken auf. „Das geschieht, weil ich so hässlich bin", dachte das Entlein und lief weiter.

So kam es zu dem großen Moor, wo die wilden Enten wohnten. Hier lag es die ganze Nacht. Es war so müde und traurig. Gegen Morgen wachten die wilden Enten auf. „Was bist du für einer?", fragten sie. „Du bist außerordentlich hässlich!", sagten die wilden Enten und ließen es in Ruh.

a) *Das kleine Entchen wurde gebissen, gestoßen und ausgelacht. Heute würden wir sagen, es wurde gemobbt. Warum war das so?*

b) *Was haltet ihr vom Mobbing, vom Ausgrenzen eines anderen?*

c) *Wohin gelangte das Entlein, nachdem es vom Entenhof geflohen war?*

d) *Was fragten die wilden Enten, als sie am nächsten Morgen erwachten?*

e) *Wie fühlte sich das kleine Entchen nach dem Urteil der wilden Enten?*

KOHL VERLAG ANDERSENS MÄRCHEN AN STATIONEN Kopiervorlagen zum Einsatz in der Grundschule – Bestell-Nr. 13 004

3 Station

Lösung

Das hässliche Entlein II – Wie fühlt sich das Entlein?

a) Das kleine Entchen sah anders aus als die anderen Entchen. Es war größer und nicht so niedlich, wie Entenküken sind.

b) freie Antworten

c) Das Entlein kam zu dem großen Moor, in dem die wilden Enten wohnten.

d) „Was bist du für einer?", fragten die Enten. „Du bist außerordentlich hässlich!"

e) Es fühlte sich sehr traurig.

ANDERSENS MÄRCHEN AN STATIONEN
Kopiervorlagen zum Einsatz in der Grundschule – Bestell-Nr. 13 004
KOHL VERLAG

Station 3

Das hässliche Entlein III – Gitterrätsel

Zwei Tage später kamen zwei wilde, freche Gänse dorthin. „Höre", sagte eine, „du bist so hässlich, dass ich dich gut leiden mag. Willst du mitziehen und Zugvogel werden?" Im selben Augenblick ertönte es „Piff! Paff!" und beide Gänse fielen tot in das Schilf nieder.
Es war große Jagd. Das Entlein wollte den Kopf unter den Flügel stecken, aber da stand schon ein fürchterlich großer Hund vor ihm. Er zeigte dem Entlein gerade die scharfen Zähne und – Platsch, Platsch! ging er wieder, ohne es zu packen.
„O Gott sei Dank!", seufzte das Entlein. „Ich bin so hässlich, dass mich selbst der Hund nicht beißen mag!" Erst spät am Tage wurde es ruhig, und dann eilte das Entlein fort aus dem Moor, so schnell es konnte.
Gegen Abend erreichte es ein ärmliches Bauernhäuschen. Die Tür hing so schief, dass es durch die Spalte in die Stube hineinschlüpfen konnte. Hier wohnte eine alte Frau mit ihrem Kater und ihrer Henne. Doch da das Entlein keine Eier legen konnte, wurde es auch hier nicht gern gesehen und zog weiter.

Finde 17 Wörter aus dem Text oben im Gitter.

Z	U	G	V	O	G	E	L	S	E	I	E	R	R
H	M	Ä	E	I	L	S	T	U	B	E	T	F	A
D	E	N	T	L	E	I	N	G	A	E	R	L	G
U	N	S	W	J	A	G	D	R	F	R	A	Ü	E
A	G	E	H	L	O	S	C	H	I	L	F	G	I
B	A	U	E	R	N	H	Ä	U	S	C	H	E	N
E	M	I	N	A	S	S	I	N	N	U	R	L	S
N	R	P	N	K	C	V	X	D	K	A	T	E	R
D	B	A	E	S	Z	Ä	H	N	E	M	Ü	E	L
L	A	U	G	E	N	B	L	I	C	K	R	B	R

3 Station

Das hässliche Entlein III – Gitterrätsel

! Lösung

Z	U	G	V	O	G	E	L		E	I	E	R	
		Ä				S	T	U	B	E		F	
	E	N	T	L	E	I	N					L	
		S		J	A	G	D					Ü	
A		E	H			S	C	H	I	L	F	G	
B	A	U	E	R	N	H	Ä	U	S	C	H	E	N
E			N	A	S	S		N				L	
N			N					D	K	A	T	E	R
D			E		Z	Ä	H	N	E		Ü		
	A	U	G	E	N	B	L	I	C	K	R		

ANDERSENS MÄRCHEN AN STATIONEN
Kopiervorlagen zum Einsatz in der Grundschule – Bestell-Nr. 13 004
KOHL VERLAG

3 Station

Das hässliche Entlein IV – Lückentext

Setze die fehlenden Wörter in den Text ein.

befreite – Vögel – braun – Nacht – verschwunden – Eise – draußen – Schneeflocken – traurig – kalten – Wasser – kleiner– spielten

Nun kam der Herbst. Die Blätter im Walde wurden gelb und __________. Die Wolken waren schwer von Hagel und ______________. Eines Abends kam ein Schwarm großer __________ aus dem Busch – es waren Schwäne. Sie breiteten ihre prächtigen Flügel aus und flogen aus der __________ Gegend fort. Das Entlein reckte den Hals hoch in die Luft nach ihnen. Als die schönen Vögel ____________ waren, war es ganz __________.

Der Winter wurde so kalt! Das Entlein musste im __________ herumschwimmen, aber in jeder __________ wurde das Loch, in dem es schwamm, __________. Zuletzt wurde es matt, lag ganz still und fror endlich im __________ fest. Am frühen Morgen kam ein Bauer. Da er dies sah, ging er hin und __________ das Entlein. Er trug es heim zu seiner Frau. Da kam es wieder zu sich. Die Kinder __________ mit ihm und es bekam etwas zu essen. Aber dann war es wieder __________ in der Kälte.

ANDERSENS MÄRCHEN AN STATIONEN
Kopiervorlagen zum Einsatz in der Grundschule – Bestell-Nr. 13 004
KOHL VERLAG

3 Station

Das hässliche Entlein IV – Lückentext

Lösung

So ist der Text vollständig:

Nun kam der Herbst. Die Blätter im Walde wurden gelb und braun. Die Wolken waren schwer von Hagel und Schneeflocken. Eines Abends kam ein Schwarm großer Vögel aus dem Busch – es waren Schwäne. Sie breiteten ihre prächtigen Flügel aus und flogen aus der kalten Gegend fort.
Das Entlein reckte den Hals hoch in die Luft nach ihnen. Als die schönen Vögel verschwunden waren, war es ganz traurig.
Der Winter wurde so kalt! Das Entlein musste im Wasser herumschwimmen, aber in jeder Nacht wurde das Loch, in dem es schwamm, kleiner. Zuletzt wurde es matt, lag ganz still und fror endlich im Eise fest. Am frühen Morgen kam ein Bauer. Da er dies sah, ging er hin und befreite das Entlein. Er trug es heim zu seiner Frau. Da kam es wieder zu sich. Die Kinder spielten mit ihm und es bekam etwas zu essen. Aber dann war es wieder draußen in der Kälte.

KOHL VERLAG
ANDERSENS MÄRCHEN AN STATIONEN
Kopiervorlagen zum Einsatz in der Grundschule – Bestell-Nr. 13 004

Station 3

Das hässliche Entlein V – Bedeutung des Märchens

Endlich begann die Sonne wieder warm zu scheinen. Da konnte auf einmal das Entlein seine Flügel schwingen. Sie schlugen stärker als früher und trugen es kräftig davon. Und ehe es recht wusste, befand es sich in einem großen Garten, in dem die Apfelbäume blühten. Vorn aus dem Gebüsch kamen drei prächtige weiße Schwäne. Sie schwammen so leicht auf dem Wasser. Das Entlein war betrübt.

„Ich will zu ihnen hinfliegen! Alles ist besser, als auf dem Entenhof herumgestoßen zu werden und im Winter zu hungern und zu frieren!" Und es flog hinaus in das Wasser und schwamm den prächtigen Schwänen entgegen. „Ja, ich bin hässlich!", sagte das arme Tier und neigte seinen Kopf. Aber was erblickte es in dem klaren Wasser? Es sah sein eigenes Bild unter sich, das kein grauer, hässlicher Vogel mehr war, sondern selbst ein Schwan.

In den Garten kamen einige Kinder, und das kleinste rief: „Da ist ein Neuer! Er ist der Schönste: So jung und so prächtig!" Und die alten Schwäne neigten sich vor ihm. Da fühlte er sich so beschämt und verbarg den Kopf unter den Flügeln. Er war allzu glücklich! Da sträubte er sein Gefieder, erhob den schlanken Hals und jubelte aus vollem Herzen: „So viel Glück hätte ich mir nicht träumen lassen, als ich noch das hässliche Entlein war!"

a) *Was überlegte sich das Entlein, als es die drei schönen Schwäne sah?*

b) *Wie fühlte sich der kleine Schwan, als er erkannte, dass er kein „hässliches Entchen" mehr war?*

c) *Was sagt uns das Märchen?*

KOHL VERLAG ANDERSENS MÄRCHEN AN STATIONEN Kopiervorlagen zum Einsatz in der Grundschule – Bestell-Nr. 13 004

3 Station ★

Lösung

Das hässliche Entlein V – Bedeutung des Märchens

a) Das Entlein überlegte: „Ich will zu ihnen hinfliegen! Alles ist besser, als auf dem Entenhof herumgestoßen zu werden und im Winter zu hungern und zu frieren!"

b) Er war sehr glücklich.

c) Alles, was nicht völlig „normal" ist wird ausgeschlossen und abgelehnt. Das Entchen wird wegen seines Aussehens von anderen Tieren ausgestoßen und verspottet.
Diese Geschichte vermittelt, dass es auf innere Werte ankommt und das Äußere nicht immer so wichtig ist. Und man vorsichtig mit seinem Urteil sein sollte.

KOHL VERLAG
ANDERSENS MÄRCHEN AN STATIONEN
Kopiervorlagen zum Einsatz in der Grundschule – Bestell-Nr. 13 004

4 Station

Der Schweinehirt I – Fragen zum Text, Ausmalbild

Es war einmal ein armer Prinz, der hatte ein kleines Königreich. Aber es war immer groß genug, um darin zu heiraten. Nun war es freilich etwas keck von ihm, dass er zur Tochter des Kaisers zu sagen wagte: „Willst Du mich haben?" Aber er wagte es doch, denn sein Name war weit und breit berühmt. Es gab Hunderte von Prinzessinnen, die gern ja gesagt hätten, aber ob sie es wohl tat? Auf dem Grabe des Vaters des Prinzen war ein herrlicher Rosenstrauch. Der blühte nur jedes fünfte Jahr, und auch dann trug er nur eine einzige Rose; aber was für eine Rose! Die duftete so süß, dass man alle seine Sorgen und seinen Kummer vergaß, wenn man daran roch. Und dann hatte er eine Nachtigall, die konnte singen, als ob alle schönen Melodien in ihrer kleinen Kehle säßen. Diese Rose und diese Nachtigall sollte die Prinzessin haben. Deshalb wurden sie beide in große Silberbehälter gesetzt und so ihr zugesandt. Der Kaiser ließ sie vor sich her in den großen Saal tragen, wo die Prinzessin war und mit ihren Hofdamen spielte. Als sie die großen Behälter mit den Geschenken darin erblickte, klatschte sie vor Freude in die Hände. „Wenn es doch eine kleine Miezekatze wäre!" sagte sie.

a) *Warum wagte es der Prinz, die Tochter des Kaisers zu fragen: „Willst du mich heiraten?"*

b) *Wie oft blühte der Rosenstrauch?*

c) *Welche Geschenke wollte der Prinz der Prinzessin machen?*

d) *Was hätte die Prinzessin lieber gehabt?*

e) *Male die kleine Katze bunt an.*

ANDERSENS MÄRCHEN AN STATIONEN
Kopiervorlagen zum Einsatz in der Grundschule – Bestell-Nr. 13 004
KOHL VERLAG

4 Station

Lösung

Der Schweinehirt I – Fragen zum Text, Ausmalbild

a) Der Name des Prinzen war weit und breit berühmt.

b) Der Rosenstrauch blühte nur alle 5 Jahre.

c) Diese besondere Rose und die Nachtigall sollte die Prinzessin bekommen.

d) Die Prinzessin hätte gerne eine kleine Katze gehabt.

ANDERSENS MÄRCHEN AN STATIONEN
Kopiervorlagen zum Einsatz in der Grundschule – Bestell-Nr. 13 004
KOHL VERLAG

4 Station

Der Schweinehirt II – Gespräch aufschreiben

!

Aber da kam der Rosenstrauch mit der herrlichen Rose hervor. „Nein, wie ist die niedlich gemacht!" sagten alle Hofdamen. „Sie ist mehr als niedlich," sagte der Kaiser, „sie ist schön!" Aber die Prinzessin befühlte sie, und da war sie nahe daran, zu weinen. „Pfui, Papa!" sagte sie, „sie ist nicht künstlich, sie ist natürlich!" „Pfui!" sagten alle Hofdamen, „sie ist natürlich!" „Lasst uns nun erst sehen, was in dem andern Behälter ist, ehe wir böse werden," meinte der Kaiser; und da kam die Nachtigall heraus. Die sang so schön und wunderbar. „Wie der Vogel mich an die Spieldose der seligen Kaiserin erinnert," sagte ein alter Herr; „ach ja, das ist ganz derselbe Ton!" „Ja," sagte der Kaiser, und dann weinte er, wie ein kleines Kind. „Es wird doch hoffentlich kein natürlicher sein?" sagte die Prinzessin. „Ja, es ist ein natürlicher Vogel," sagten die Boten, die ihn gebracht hatten. „So lasst den Vogel fliegen," sagte die Prinzessin. Sie wollte nicht gestatten, dass der Prinz käme. Aber der ließ sich nicht einschüchtern. Er bemalte sich das Antlitz mit Braun und Schwarz, drückte die Mütze tief über den Kopf und klopfte an. „Guten Tag, Kaiser!" sagte er; „könnte ich nicht hier auf dem Schloss einen Dienst bekommen?" „Ja," sagte der Kaiser, „da fällt mir eben ein, ich brauche jemanden, der die Schweine hüten kann, denn deren habe ich viele, sehr viele." Und der Prinz wurde angestellt als kaiserlicher Schweinehirt. Er bekam eine jämmerlich kleine Kammer unten beim Schweinestall, und hier musste er bleiben.

a) *Warum hätte die Prinzessin lieber eine künstliche Rose und einen künstlichen Vogel gehabt?*

b) *Was hatte der kaiserliche Schweinehirt wohl zu tun?*

c) *Schreibe das Gespräch zwischen Kaiser und dem „Schweinehirten" auf.*

KOHL VERLAG ANDERSENS MÄRCHEN AN STATIONEN Kopiervorlagen zum Einsatz in der Grundschule – Bestell-Nr. 13 004

Station 4

Der Schweinehirt II – Gespräch aufschreiben

Lösung

a) Sie war zu dumm, um zu verstehen, dass lebendige Dinge wertvoller sind als künstliche.

b) Er musste die Schweine füttern und tränken, den Stall ausmisten und auf die Tiere achtgeben.

c) Vorschlag:

Schweinehirt:	Guten Tag, Kaiser! Ich würde gerne hier auf dem Schloss arbeiten.
Kaiser:	Was könnt ihr denn?
Schweinehirt:	Ich kann reiten, Ställe sauber halten, Tiere füttern oder Botengänge machen.
Kaiser:	Fällt mir gerade ein: Ich bräuchte für meine vielen Schweine einen Hirten.
Schweinehirt:	Bekomme ich Essen und eine Kammer?
Kaiser:	Ja, unten beim Schweinestall ist eine Kammer frei. Essen kannst du mit den Dienstboten.
Schweinehirt:	Gut, dann nehme ich den Dienst.
Kaiser:	Mein Diener wird dir zeigen, wo du bleiben kannst.

KOHL VERLAG
ANDERSENS MÄRCHEN AN STATIONEN
Kopiervorlagen zum Einsatz in der Grundschule – Bestell-Nr. 13 004

Station 4

Der Schweinehirt III – Fragen zum Text

Aber den ganzen Tag saß er und arbeitete, und als es Abend war, hatte er einen niedlichen kleinen Topf gemacht. Rings um ihn waren Schellen, und sobald der Topf kochte, klingelten sie aufs Schönste und spielten die alte Melodie: „Ach, du lieber Augustin, Alles ist hin, hin, hin!" Aber das Allerkünstlichste war doch, dass man, wenn man den Finger in den Dampf des Topfes hielt, sogleich riechen konnte, welche Speisen auf jedem Feuerherd in der Stadt zubereitet wurden. Das war wahrlich etwas ganz Anderes als die Rose. Nun kam die Prinzessin mit allen ihren Hofdamen daher spaziert, und als sie die Melodie hörte, blieb sie stehen und sah ganz erfreut aus; denn sie konnte auch „Ach, du lieber Augustin" spielen. „Das ist ja das, was ich kann!" sagte sie. „Es muss ein gebildeter Schweinehirt sein! Höre, gehe hinunter und frage ihn, was das Instrument kostet." Und da musste eine der Hofdamen hinuntergehen; aber sie zog Holzpantoffeln an. „Was willst Du für den Topf haben?" fragte die Hofdame. „Ich will zehn Küsse von der Prinzessin haben," sagte der Schweinehirt. „Gott bewahre!" sagte die Hofdame. „Ja, für weniger tue ich es nicht," antwortete der Schweinehirt. „Nun, was antwortete er?" fragte die Prinzessin. „Das mag ich gar nicht sagen," erwiderte die Hofdame. „Ei, so kannst du es mir ja ins Ohr flüstern." „Er ist unartig!" sagte die Prinzessin, und dann ging sie.

a) *Welche Besonderheiten besaß der kleine Topf?*

b) *Die Prinzessin hatte bestimmt einige Hofdamen, die alle alten Vornamen hatten. Scheibe eine Reihe davon auf!*

c) *Was wollte der Schweinehirt für den Topf haben?*

ANDERSENS MÄRCHEN AN STATIONEN
Kopiervorlagen zum Einsatz in der Grundschule – Bestell-Nr. 13 004
KOHL VERLAG

4 Station

Der Schweinehirt III – Fragen zum Text

! Lösung

a) Sobald der Topf kochte, erklangen die Schellen, die rundum angebracht waren und spielten die alte Melodie: Ach, du lieber Augustin, alles ist hin! und wenn man den Finger in den Dampf des Topfes hielt, roch man sogleich, was die Leute in der Stadt kochten.

b) zum Beispiel: Annette, Bertha, Cäcilie, Gretel, Walburga, Valentine, Margarete, Agathe, Hildegard, Elfriede ...

c) Der Schweinhirt wollte 10 Küsse von der Prinzessin haben.

KOHL VERLAG ANDERSENS MÄRCHEN AN STATIONEN Kopiervorlagen zum Einsatz in der Grundschule – Bestell-Nr. 13 004

4 Station ★

Der Schweinehirt IV – Rechtschreibung prüfen

In diesem Text haben sich 12 Rechtschreibfehler versteckt. Finde sie und schreibe die Wörter unten auf die Zeilen!

Aber als sie ein kleines Stück gegangen war, erklangen die Schellen so liblich: „Ach, du lieber Augustin, alles ist weg, weg, weg!" „Höre," sagte die Prinzesin, „frage ihn, ob er zehn Küsse von meinen Hofdahmen haben will." „Ich danke schön," sagte der Schweinehirt; „zehn Küsse von der Prinzessin, oder ich behalte meinen Topf." „Wass ist doch das langweilig!" sagte die Prinzessin. „Aber dann müsst ihr vor mir stehen, damit es niemand sieht." Und die Hofdamen stellten sich dafor, und dann breiteten sie ihre Kleider aus, und da bekahm der Schweinehirt zehn Küsse, und sie erhielt den Topf. Nun, das war eine Freude! Den gantzen Abend und den ganzen Tag mußte der Topf kochen! Es gab nicht einen Herd in der ganzen Stadt, von dem sie nicht wussten, was darauf gekocht wurde, sowohl beim Kammerherrn, wie beim Schumacher. Die Hofdamen tantzten und klatschten in die Hände. „Wir wissen, wer süße Suppe und Eierkuchen essen wird. Wir wissen, wehr Grütze und Braten bekommt; wie ist das doch interesant!" „Ja, aber haltet euren Mund, denn ich bin des Kaisers Tochter." „Jawohl; das versteht sich!" sagten alle.

ANDERSENS MÄRCHEN AN STATIONEN
Kopiervorlagen zum Einsatz in der Grundschule – Bestell-Nr. 13 004
KOHL VERLAG

Station 4

★ Lösung

Der Schweinehirt IV – Rechtschreibung prüfen

Die dick gedruckten Wörter zeigen dir die richtige Schreibweise:

Aber als sie ein kleines Stück gegangen war, erklangen die Schellen so **lieblich**: „Ach, du lieber Augustin, alles ist weg, weg, weg!" „Höre," sagte die **Prinzessin**, „frage ihn, ob er zehn Küsse von meinen **Hofdamen** haben will." „Ich danke schön," sagte der Schweinehirt; „zehn Küsse von der Prinzessin, oder ich behalte meinen Topf." „**Was** ist doch das langweilig!" sagte die Prinzessin. „Aber dann müsst ihr vor mir stehen, damit es niemand sieht." Und die Hofdamen stellten sich **davor**, und dann breiteten sie ihre Kleider aus, und da **bekam** der Schweinehirt zehn Küsse, und sie erhielt den Topf. Nun, das war eine Freude! Den **ganzen** Abend und den ganzen Tag **musste** der Topf kochen! Es gab nicht einen Herd in der ganzen Stadt, von dem sie nicht wussten, was darauf gekocht wurde, sowohl beim Kammerherrn, wie beim **Schuhmacher**. Die Hofdamen **tanzten** und klatschten in die Hände. „Wir wissen, wer süße Suppe und Eierkuchen essen wird. Wir wissen, **wer** Grütze und Braten bekommt; wie ist das doch **interessant**!" „Ja, aber haltet euren Mund, denn ich bin des Kaisers Tochter." „Jawohl; das versteht sich!" sagten alle.

ANDERSENS MÄRCHEN AN STATIONEN
Kopiervorlagen zum Einsatz in der Grundschule – Bestell-Nr. 13 004
KOHL VERLAG

Station 4

Der Schweinehirt V – Fragen zum Text

Der Schweinehirt, das heißt der Prinz, ließ keinen Tag verstreichen, ohne etwas zu tun. So machte er eine Knarre, wenn man die herumschwang, erklangen alle die Walzer, Hopser und Polkas, die man seit Erschaffung der Welt gekannt hat. „Aber das ist toll!" sagte die Prinzessin, indem sie vorbeiging. „Ich habe nie eine schönere Musik gehört. Höre, gehe hinein und frage ihn, was das Instrument kostet; aber ich küsse nicht wieder!" „Er will hundert Küsse von der Prinzessin haben," sagte die Hofdame, welche hineingegangen war, um zu fragen. „Ich glaube, er ist verrückt!" sagte die Prinzessin, und dann ging sie. Aber als sie ein kleines Stück gegangen war, blieb sie stehen. „Ich bin des Kaisers Tochter! Sage ihm, er solle, wie neulich, zehn Küsse haben. Den Rest kann er von meinen Hofdamen bekommen," sagte sie. „Ach, aber wir tun es so ungern!" sagten die Hofdamen. „Das ist Geschwätz," sagte die Prinzessin; „und wenn ich ihn küssen kann, so könnt Ihr es auch. Bedenkt, ich gebe Euch Kost und Lohn!" Und nun mussten die Hofdamen wieder zu ihm hinein. „Hundert Küsse von der Prinzessin," sagte er, „oder jeder behält das Seine." „Stellt Euch davor!" sagte die Prinzessin dann. Und da stellten alle Hofdamen sich davor, und dann küsste er die Prinzessin. „Was mag das wohl für ein Auflauf beim Schweinestall sein?" fragte der Kaiser, welcher auf dem Balkon hinausgetreten war. „Das sind ja die Hofdamen, die da ihr Wesen treiben; ich werde wohl zu ihnen hinuntermüssen." Potz Wetter, wie er sich sputete!

a) *Was erklang, wenn man die Knarre herumschwang?*

b) *Was wollte der Schweinehirt für die Knarre haben?*

c) *Worauf einigten sich die Prinzessin und ihre Hofdamen?*

d) *Was bewog den Kaiser, zum Schweinestall zu eilen?*

ANDERSENS MÄRCHEN AN STATIONEN
Kopiervorlagen zum Einsatz in der Grundschule – Bestell-Nr. 13 004
KOHL VERLAG

Station 4

Lösung

Der Schweinehirt V – Fragen zum Text

a) Es erklangen alle die Walzer, Hopser und Polkas, die man seit Erschaffung der Welt gekannt hat.

b) Der Schweinehirt wollte 100 Küsse von der Prinzessin haben.

c) Die Hofdamen wollten den Schweinehirten nicht küssen. Die Prinzessin erinnerte daran, dass die Hofdamen von ihr Kost und Lohn erhielten. Doch der Schweinehirt wollte auch nur Küsse von der Prinzessin. So mussten sich die Hofdamen um die Prinzessin und den Hirten scharen.

d) Er sah, wie die Hofdamen alle um etwas herumstanden und war neugierig. Er dachte, die hecken einen Schabernack aus.

4 Station

Der Schweinehirt VI – Fragen, Lied zum Märchen

Sobald er in den Hof hinunterkam, ging er ganz leise, und die Hofdamen hatten so viel damit zu tun, die Küsse zu zählen, dass sie den Kaiser gar nicht bemerkten. Er erhob sich auf die Zehen. „Was ist das?" sagte er, als er sah, dass sie sich küssten, und dann schlug er sie mit seinem Pantoffel an den Kopf, gerade als der Schweinehirt den sechsundachtzigsten Kuss erhielt. „Packt Euch!" sagte der Kaiser, denn er war sehr böse. Und die Prinzessin und der Schweinehirt wurden aus seinem Kaiserreich hinausgestoßen. Da stand sie nun und weinte, der Schweinehirt schalt, und der Regen strömte hernieder. „Ach, ich elendes Geschöpf! sagte die Prinzessin; „hätte ich doch den schönen Prinzen genommen. Ach, wie unglücklich bin ich!" Der Schweinehirt ging hinter einen Baum, wischte das Schwarze und Braune aus seinem Gesicht, warf die schlechten Kleider von sich und trat nun in seiner Prinzentracht hervor, so schön, dass die Prinzessin sich verneigen musste. „Ich verachte dich!" sagte er. „Du wolltest keinen ehrlichen Prinzen haben. Du wolltest nicht die Rose und die Nachtigall, aber den Schweinehirten konntest du für eine Spielerei küssen! Das hast du nun dafür!" Und dann ging er in sein Königreich und machte ihr die Tür vor der Nase zu. Da konnte sie draußen stehen und singen: „Ach, du lieber Augustin, alles ist hin, hin, hin!"

a) *Was machte der Kaiser, als er bemerkte, dass die Prinzessin und der Schweinehirt sich küssten?*

b) *Wie reagierte die Prinzessin auf den Rauswurf?*

c) *Was machte der Schweinehirt?*

d) *Was sage der Prinz zur Prinzessin?*

e) *Wie findet ihr das Verhalten des Prinzen?*

ANDERSENS MÄRCHEN AN STATIONEN
Kopiervorlagen zum Einsatz in der Grundschule – Bestell-Nr. 13 004
KOHL VERLAG

4 Station

Der Schweinehirt VI – Fragen, Lied zum Märchen

! Lösung

a) Der Kaiser schlug sie mit seinem Pantoffel an den Kopf, gerade als der Schweinehirt seinen 86. Kuss erhielt. „Packt Euch!" sagte der Kaiser, denn er war sehr böse. Und die Prinzessin und der Schweinehirt wurden aus seinem Kaiserreich hinausgestoßen.

b) Sie rief: „Ach, ich elendes Geschöpf! Hätte ich doch den schönen Prinzen genommen. Ach, wie unglücklich bin ich!"

c) Der Schweinehirt ging hinter einen Baum, wischte das Schwarze und Braune aus seinem Gesicht, warf die schlechten Kleider von sich und trat nun in seiner Prinzentracht hervor.

d) „Ich verachte dich!" sagte er. „Du wolltest keinen ehrlichen Prinzen haben. Du wolltest nicht die Rose und die Nachtigall, aber den Schweinehirten konntest du für eine Spielerei küssen! Das hast du nun dafür!"

e) Der Prinz war zu stolz, nun noch um die Hand der Prinzessin anzuhalten.

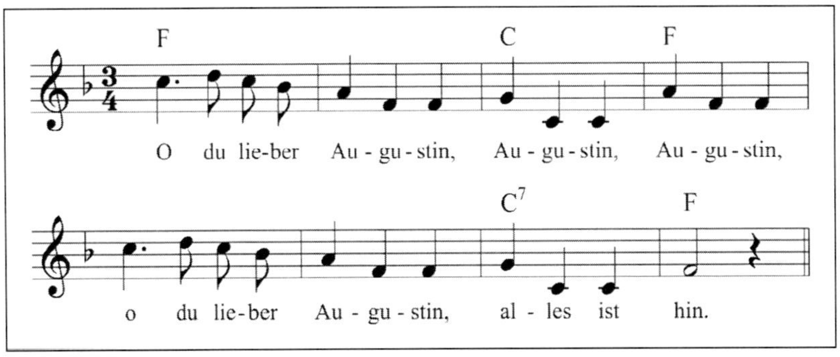

5 Station

Das Mädchen mit den Schwefelhölzern I – Fragen zum Text

Es war ein kalter, dunkler Abend, der letzte Abend des Jahres.
In dieser furchtbaren Kälte ging auf der Straße ein kleines, armes Mädchen. Sie trug weder Mütze noch Schuhe. Die kleinen, nackten Füße waren ganz rot und blau gefroren. In einer alten Schürze trug sie Bündel von Schwefelhölzern, um sie zu verkaufen.
Doch den ganzen Tag lang hatte niemand etwas gekauft. Niemand hatte ihr einen Pfennig geschenkt.
Die arme Kleine zitterte vor Kälte und Hunger und die Schneeflocken bedeckten ihr langes, blondes Haar.
Aus allen Fenstern glänzten die Lichter und es duftete nach Gänsebraten, denn es war ja Silvesterabend. Das Mädchen kauerte sich vor eine Mauer. Sie traute sich nicht heim, denn ihr Vater würde sie bestrafen, weil sie kein Geld nach Hause brachte. Und zu Hause war es auch kalt. Der Wind zog überall durch die Ritzen.

a) *Wie nennt man den letzten Abend des Jahres?*

b) *Warum zitterte das Mädchen?*

c) *Warum traute sie sich nicht nach Hause?*

d) *Warum war es zuhause auch kalt?*

e) *Wie sah die Kleine aus? Male das Bild an.*

ANDERSENS MÄRCHEN AN STATIONEN
Kopiervorlagen zum Einsatz in der Grundschule – Bestell-Nr. 13 004
KOHL VERLAG

5 Station

!

Lösung

Das Mädchen mit den Schwefelhölzern I – Fragen zum Text

a) Den letzten Abend des Jahres nennen wir Silvester. Der Name Silvester geht dabei auf den Heiligen zurück, der 314 in Rom zum Papst gewählt wurde und ebenda am 31. Dezember 335 starb.

b) Das Mädchen zitterte vor Kälte und Hunger.

c) Sie hatte keine Zündhölzer verkauft. So würde ihr Vater sie bestrafen, weil sie kein Geld nach Hause brachte.

d) Der Wind zog durch alle Ritzen. So war es zuhause auch kalt.

e) Vorschlag:

5 Station

Das Mädchen mit den Schwefelhölzern II – Träume

Ihre kleinen Hände waren starr vor Kälte. Obwohl es ihr verboten war, zog sie eines der Schwefelhölzchen heraus und zündete es an. Die kleine, wunderbare Flamme wärmte ihre Finger, es schien dem kleinen Mädchen, als säße sie vor einem Ofen, dessen Feuer so schön brannte. Die Kleine wollte ihre Füße wärmen – doch da erlosch das Flämmchen und der Ofen verschwand.
Sie strich ein zweites Schwefelhölzchen an. Es leuchtete auf die Mauer und in dem kleinen Lichtschein konnte sie plötzlich durch sie hindurchsehen. Sie sah einen festlich gedeckten Tisch, auf dem die gebratene Gans dampfte, mit Äpfeln und getrockneten Pflaumen gefüllt. Die Gans hüpfte vom Tisch und wackelte zu dem armen Mädchen hin. Da erlosch das Schwefelhölzchen und es blieb die dicke, kalte Mauer. Sie zündete noch ein Hölzchen an. Plötzlich saß sie unter einem herrlich geschmückten, leuchtenden Christbaum. Die Kleine streckte ihre Hände aus. Doch da erlosch das Schwefelhölzchen auch schon wieder.

a) *Nenne einen anderen Namen für Schwefelhölzchen.*

b) *Was erlebte und sah das kleine Mädchen, als es die verschiedenen Hölzchen anzündete?*

KOHL VERLAG ANDERSENS MÄRCHEN AN STATIONEN Kopiervorlagen zum Einsatz in der Grundschule – Bestell-Nr. 13 004

5 Station

Lösung

Das Mädchen mit den Schwefelhölzern II – Träume

a) Schwefelhölzer nennen wir auch Streichhölzer oder Zündhölzer. Sie waren die „Vorläufer" unserer heute bekannten Streichhölzer.

b) 1. Als erstes wärmte das kleine Mädchen seine Finger. Es dachte, es säße vor einem Ofen

2. Es sah einen festlich gedeckten Tisch, auf dem die gebratene Gans dampfte, mit Äpfeln und getrockneten Pflaumen gefüllt. Die Gans hüpfte vom Tisch und wackelte zu dem armen Mädchen hin.

3. Dann saß es unter einem herrlich geschmückten Christbaum.

KOHL VERLAG
ANDERSENS MÄRCHEN AN STATIONEN
Kopiervorlagen zum Einsatz in der Grundschule – Bestell-Nr. 13 004

Das Mädchen mit den Schwefelhölzern III – Ein anderes Ende

Die Weihnachtslichter stiegen zum Himmel hinauf und ein Stern fiel herunter, mit einem Feuerschweif. Die Kleine dachte an ihre liebe Großmutter, die kürzlich gestorben war.

Sie strich wieder ein Hölzchen an und in dem Glanz erschien die Großmutter, so liebevoll und schön. „Großmutter!" rief die Kleine. „Nimm mich mit!" Sie wusste, dass die Großmutter verblasst, sobald das Schwefelhölzchen erlischt, und so strich sie das ganze Bund an.
Die Schwefelhölzchen leuchteten mit einem solchen Glanz, dass sie die dunkle Nacht vertrieben. Die Großmutter nahm das kleine Mädchen in ihre Arme und sie flogen vor Freude hoch in den Himmel hinauf – dorthin, wo es weder Kälte noch Hunger noch Angst gab. Sie waren bei Gott.

a) *Das Märchen hat ein trauriges Ende gefunden. Wie und wer hätte dem Mädchen helfen können?*

b) *Das kleine Mädchen wurde am nächsten Tag tot gefunden. Ein Mann schrieb einen kurzen Bericht darüber. Erzähle als Reporter ebenfalls kurz, was geschah.*

c) *Das Märchen hätte auch ein anderes Ende haben können. Schreibe eines auf!*

ANDERSENS MÄRCHEN AN STATIONEN
Kopiervorlagen zum Einsatz in der Grundschule – Bestell-Nr. 13 004
KOHL VERLAG

5 Station

★

Lösung

Das Mädchen mit den Schwefelhölzern III – Ein anderes Ende

a) Die Leute, die vorüber gingen, haben bestimmt gesehen, dass es dem Mädchen nicht gut ging und es fror. Aber keiner hatte ein paar Pfennige (Cents) übrig.

b) In der Zeitung seht später folgender Bericht (oder ähnlich):

Im Häusereck fand man am Morgen ein kleines Mädchen mit einem Bund abgebrannter Streichhölzer und einem Lächeln auf den Lippen: Es war tot, umgeben von den erloschenen Streichhölzern. Obwohl sie sicher erfroren war, hat sie ein glückliches Lächeln auf ihrem Gesicht, da sie im Himmel ist. Sie hat sich bestimmt wärmen wollen, sagte man. Es ist sehr traurig, dass so etwas heute noch geschehen kann.

c) Plötzlich trat ein alter Herr zu dem Mädchen. „Du armes Ding," sagte er mitleidig. „Komm mit mir, ich habe eine große, warme Wohnung und ein richtig ordentliches Essen. Das sollst du haben."

Das kleine Mädchen blickte verwundert auf. Dann sah es das liebe Gesicht des Mannes, und es begann zu lächeln. Es packte die restlichen Hölzchen zusammen. Der alte Herr fasste es an der Hand. Gemeinsam gingen die beiden die Straße hinunter. An der nächsten Ecke zog der Mann einen Schlüssel aus der Tasche und schloss eine Tür auf. „Tritt ein, ich freue mich, dass du da bist." Dann rief er mit lauter Stimme: „Martha! Martha! Wir haben Besuch!"

Und dann erhielt das kleine Mädchen ein paar warme Sachen und durfte mit dem Herrn zu Abend essen. Und Martha hatte ein richtig gutes Menü gekocht ...

KOHL VERLAG
ANDERSENS MÄRCHEN AN STATIONEN
Kopiervorlagen zum Einsatz in der Grundschule – Bestell-Nr. 13 004

6 Station

Die kleine Meerjungfrau I – Die Rettung des Prinzen

Die kleine Meerjungfrau ist die jüngste und hübscheste der sechs Töchter des Meerkönigs. Sie hat, wie alle Meermenschen, keine Füße, sondern einen Fischschwanz. Durch Erzählungen von der Erde weckt ihre Großmutter die Sehnsucht nach der Menschenwelt. Mit fünfzehn Jahren dürfen die Töchter nachts hinauf und am Strand liegen. Die älteren Schwestern erzählen ihr Wunderdinge von der lärmenden, beleuchteten Stadt, den Vögeln und dem Sonnenuntergang.

Als sie endlich selbst das Alter erreicht, steigt sie empor und beobachtet die Seeleute auf einem Schiff. Am besten gefällt ihr aber der Prinz mit den dunklen Augen, der gerade seinen sechzehnten Geburtstaq feiert. Als das Schiff wegen eines Sturms sinkt, erinnert sich die Meerjungfrau, dass Menschen nur tot auf den Meeresgrund gelangen können. Sie rettet den Prinzen und bringt ihn an den Strand.

a) *Wie viel Töchter hatte der Meerkönig?*

b) *Was erwartete die Seejungfrauen, wenn sie am Strand liegen konnten?*

c) *Mit wie vielen Jahren durfte die kleine Seejungfrau das erste Mal an den Strand?*

d) *Was tut sie, als das Schiff sinkt?*

KOHL VERLAG
ANDERSENS MÄRCHEN AN STATIONEN
Kopiervorlagen zum Einsatz in der Grundschule – Bestell-Nr. 13 004

6 Station

Die kleine Meerjungfrau I – Die Rettung des Prinzen

Lösung

a) Der Meerkönig hatte 6 Töchter.

b) Sie lernten die lärmende, beleuchtete Stadt, die Vögel und den Sonnenuntergang kennen.

c) Mit 15 Jahren durfte die kleine Meerjungfrau auch an den Strand.

d) Sie rettet den Prinzen und bringt ihn an Land.

KOHL VERLAG ANDERSENS MÄRCHEN AN STATIONEN
Kopiervorlagen zum Einsatz in der Grundschule – Bestell-Nr. 13 004

6 Station

Die kleine Meerjungfrau II – Gespräch mit der Meerhexe

Die kleine Meerjungfrau beobachtet, wie ein Mädchen ihn findet, und ist traurig, dass sie sich anlächeln – der Prinz weiß ja schließlich nicht, wer ihn gerettet hat. Aber die Meerjungfrau findet heraus, wo das Schloss des Prinzen steht, und besucht die Gegend immer wieder.

Sie erfährt, dass die Meermenschen im Gegensatz zu den normalen Menschen keine Seele besitzen, die nach ihrem Tod in die Luft aufsteigt. Die einzige Möglichkeit, eine Seele zu erlangen, ist, von einem Menschen geliebt zu werden.

So begibt sie sich zur Meerhexe, vor der sie bisher immer Angst hatte. Sie lässt sich einen Trank brauen, der ihr Beine wachsen lässt, statt ihres Fischschwanzes. Die Verwandlung ist jedoch unumkehrbar – sie wird nie wieder zu ihrem Vater und ihren Schwestern zurückkehren können. Falls sich der Prinz nicht in sie verliebt, bekommt sie keine unsterbliche Seele und wird zu Schaum auf dem Meere werden. Außerdem muss sie ihre Stimme hergeben. Stumm trifft sie also den Prinzen und wird von ihm in sein Schloss geführt.

a) *Was beobachtet sie?*

b) *Was haben Meermenschen im Gegensatz zu normalen Menschen nicht?*

c) *Welche Bedingung stellt die Meerhexe der kleinen Seejungfrau? Schreibe das Gespräch auf!*

d) *Was geschieht danach?*

ANDERSENS MÄRCHEN AN STATIONEN
Kopiervorlagen zum Einsatz in der Grundschule – Bestell-Nr. 13 004
KOHL VERLAG

6 Station

Lösung

Die kleine Meerjungfrau II – Gespräch mit der Meerhexe

a) Sie beobachtet, wie ein Mädchen ihn findet, und ist traurig, dass sie sich anlächeln – der Prinz weiß ja schließlich nicht, wer ihn gerettet hat.

b) Meermenschen besitzen im Gegensatz zu den normalen Menschen keine Seele, die nach ihrem Tod in die Luft aufsteigt.

c) Die kleine Meerjungfrau erzählt der Meerhexe von dem Prinzen. „Ich möchte gerne auch 2 Beine haben und an Land leben können," sagt sie.

Die Meerhexe entgegnet: „Das lässt sich machen. Aber du weißt, dass du dann niemals mehr zu deinem Vater und deinen Schwestern zurückkehren kannst. Wenn der Prinz sich nicht in dich verliebt und dich heiratet, wirst du zu Schaum auf dem Meere werden.

„Das ist mir gleich," antwortete die Meerjungfrau.

„Und du wirst deine Stimme hergeben müssen, du kannst also nicht mehr sprechen," setzte die Meerhexe hinzu.

„Ach, mir ist alles recht, wenn ich nur bei ihm sein darf," seufzte die kleine Meerjungfrau.

Da gab die Meerhexe ihr einen Trank.

d) Sie trifft den Prinzen und wird in sein Schloss geführt.

6 Station

Die kleine Meerjungfrau III – Die richtige Reihenfolge

Dort bleibt sie bei ihm, aber der Prinz liebt nur das unbekannte Mädchen, das er am Strand sah und für seine Retterin hält. Es stellt sich heraus, dass dieses Mädchen die Prinzessin des Nachbarkönigreichs ist. Der Prinz heiratet sie.

Da der erste Sonnenstrahl nach seiner Hochzeitsnacht der kleinen Meerjungfrau den Tod bringen soll, geben ihre Schwestern ihr den Rat, den Prinzen zu töten: Das würde sie wieder in ein Meerwesen verwandeln und sie retten. Sie kann und will es aber nicht tun. So springt sie ins Wasser und löst sich in Schaum auf. Dabei stirbt sie jedoch nicht, sondern verwandelt sich in einen Luftgeist. Damit hat sie die Möglichkeit, durch gute Taten eine unsterbliche Seele zu erlangen.

Male die Bilder aus und bringe sie in die richtige Reihenfolge. Schreibe dazu, was geschieht oder geschehen ist.

KOHL VERLAG
ANDERSENS MÄRCHEN AN STATIONEN
Kopiervorlagen zum Einsatz in der Grundschule – Bestell-Nr. 13 004

6 Station

Lösung

Die kleine Meerjungfrau III – Die richtige Reihenfolge

Die kleine Meerjungfrau spielt und erzählt mit ihren Schwestern.

Bei ihrem Besuch an Land rettet sie dem Königssohn das Leben, als das Schiff sinkt.

Sie besucht die Meerhexe und möchte gerne Beine anstelle ihres Fischschwanzes haben.

Sie lebt mit dem Königssohn auf dem Schloss, ist aber stumm.

ANDERSENS MÄRCHEN AN STATIONEN
Kopiervorlagen zum Einsatz in der Grundschule – Bestell-Nr. 13 004
KOHL VERLAG

7 Station

Die Schneekönigin I – Gesichter im Zauberspiegel

Der Teufel schuf einen Zauberspiegel, der alles verkehrt erscheinen ließ. Das Gute, das sich in ihm spiegelte, wurde mit bösem Grinsen quittiert. Das Schlechte dagegen erschien wunderbar. Die Schüler des bösen Zauberers, der den Spiegel entstehen ließ, machten sich einen Spaß daraus, sogar Gott und den Engeln den Spiegel vorhalten zu wollen. So flogen sie mit dem Spiegel nach oben, Richtung Himmel, immer höher. Bis der Spiegel nicht mehr zu halten war, in die Tiefe stürzte und in unzählige Splitter zerfiel. Aber nun richtete er noch mehr Unheil an: Wer einen Splitter ins Auge bekam, sah nun alles hässlich und verzerrt. Und wer gar einen Splitter ins Herz bekam, wurde böse und hartherzig.

a) *Der Spiegel zerbarst in zahllose Splitter und Teile. Was geschah damit?*

b) *Male die passenden Gesichter in die Spiegel.*

lustig

ruhig

ärgerlich

traurig

ängstlich

zufrieden

ANDERSENS MÄRCHEN AN STATIONEN
Kopiervorlagen zum Einsatz in der Grundschule – Bestell-Nr. 13 004
KOHL VERLAG

7 Station

Lösung

Die Schneekönigin I – Gesichter im Zauberspiegel

a) Wer einen Splitter ins Auge bekam, sah nun alles hässlich und verzerrt. Und wer sogar einen Splitter ins Herz bekam, wurde böse und hartherzig.

b) individuelle Lösungen

lustig

ruhig

ärgerlich

traurig

ängstlich

zufrieden

ANDERSENS MÄRCHEN AN STATIONEN
Kopiervorlagen zum Einsatz in der Grundschule – Bestell-Nr. 13 004
KOHL VERLAG

7 Station

!

Die Schneekönigin II – Die Nachbarskinder

In einer großen Stadt lebten Kay und Gerda, die sich so lieb hatten wie Geschwister. Sie wohnten in zwei aneinander liegenden Dachkammern. Die Blumenkästen vor den Fenstern der Kinder boten einen Spielplatz zwischen Kräutern und Rosen.

Eines Winterabends herrschte ein heftiges Schneetreiben. Die Großmutter erzählte von der Schneekönigin, die wie eine Bienenkönigin ausschwärmte und Eis und Frost brachte. An dem gleichen Abend sah Kay die Schneekönigin vor seinem Fenster. Er erschrak zutiefst.

Im folgenden Sommer traf Kay ein Spiegelstückchen des Teufels in das Herz und eines in das Auge. Von nun an trieb er sich mit den Jungen herum. Gleichzeitig wendete er sich von Gerda ab, ärgerte sie und machte sich sogar über die Großmutter lustig. Im kommenden Winter hing er seinen kleinen Schlitten an den großen Schlitten der Schneekönigin. Sie bezauberte ihn und er begleitete sie in den hohen Norden.

a) *Was erzählte die Großmutter von der Schneekönigin?*

b) *Was sah Kay am gleichen Abend vor dem Fenster?*

c) *Was geschieht im folgenden Sommer?*

d) *Wie veränderte sich Kay?*

e) *Was machte er im folgenden Winter?*

f) *Zeichne ein Bild von der Schneekönigin. Wie stellst du sie dir vor?*

ANDERSENS MÄRCHEN AN STATIONEN
Kopiervorlagen zum Einsatz in der Grundschule – Bestell-Nr. 13 004
KOHL VERLAG

7 Station

Lösung

Die Schneekönigin II – Die Nachbarskinder

a) Die Schneekönigin schwärmte wie eine Bienenkönigin aus und brachte dabei Eis und Frost mit.

b) Kay sah die Schneekönigin vor seinem Fenster und erschrak heftig.

c) Im folgenden Sommer traf Kay ein Spiegelstückchen des Teufels in das Herz und eines in das Auge.

d) Kay trieb sich nun mit den Jungen herum. Er wendete sich von Gerda ab, ärgerte sie. Er machte sich sogar über die Großmutter lustig.

e) Er hing seinen Schlitten an den der Schneekönigin und fuhr mit ihr in den Norden.

f) Vorschlag:

KOHL VERLAG ANDERSENS MÄRCHEN AN STATIONEN Kopiervorlagen zum Einsatz in der Grundschule – Bestell-Nr. 13 004

7 Station

Die Schneekönigin III –
Der Blumengarten der Zauberin

Nachdem Kay seit jenem Wintertag verschwunden ist, glaubten alle, er sei tot. Nur Gerda konnte es nicht glauben. Sie machte sich allein auf die Suche nach ihm. Was sie antrieb, war die Freundschaft zu Kay. Dazu konnte sie mit allen reden. Mag es der Sonnenstrahl sein, die Vögel, oder der Fluss, alle mochten sie gerne. Sie kam in den Blumengarten einer Zauberin. Die Frau wünschte, dass Gerda bei ihr bliebe und ließ sie die Zeit vergessen. Gerda tauchte ein in die Welt der Blumen, und jede Blume hatte eine Geschichte zu erzählen. Erst als sie eine Rose wiedersah, erinnerte sie sich an Kay und ihre Suche. Sie machte sich erneut auf den Weg nach Norden, in das Reich der Schneekönigin.

Finde im Gitter 13 Wörter aus dem Text oben!

E	I	S	C	H	N	E	E	K	Ö	N	I	G	I	N
R	T	O	A	G	O	B	E	L	I	B	D	A	K	W
W	I	N	T	E	R	T	A	G	H	L	F	E	N	A
K	A	N	B	Ö	D	A	S	E	O	U	U	R	Z	R
V	Z	E	I	T	E	K	O	R	U	M	L	A	D	T
E	R	N	M	A	N	F	Z	D	S	E	I	W	Q	J
R	O	S	E	L	E	R	C	A	L	N	P	E	P	O
D	E	T	H	E	R	B	I	K	P	G	A	L	X	K
S	F	R	E	U	N	D	S	C	H	A	F	T	H	A
E	L	A	J	O	H	A	N	C	H	R	F	A	Ö	S
R	U	H	N	V	Ö	G	E	L	A	T	B	L	J	F
T	S	L	D	U	S	S	E	K	O	E	G	U	S	E
A	S	U	Z	A	U	B	E	R	I	N	B	I	Z	L

ANDERSENS MÄRCHEN AN STATIONEN
Kopiervorlagen zum Einsatz in der Grundschule – Bestell-Nr. 13 004
KOHL VERLAG

7 Station

Lösung

Die Schneekönigin III – Der Blumengarten der Zauberin

		S	C	H	N	E	E	K	Ö	N	I	G	I	N
		O			O					B				
W	I	N	T	E	R	T	A	G		L				
		N			D			E		U				
	Z	E	I	T	E			R		M				
		N			N			D		E		W		
R	O	S	E					A		N		E		
		T								G		L		
	F	R	E	U	N	D	S	C	H	A	F	T		
	L	A								R				
	U	H		V	Ö	G	E	L		T				
	S	L								E				
	S		Z	A	U	B	E	R	I	N				

KOHL VERLAG ANDERSENS MÄRCHEN AN STATIONEN Kopiervorlagen zum Einsatz in der Grundschule – Bestell-Nr. 13 004

7 Station ★

Die Schneekönigin IV – Prinz und Prinzessin

Eine Krähe hilft ihr weiter. Sie erzählt eine Geschichte von der Prinzessin, die einen einfachen Jungen zum Mann nahm, weil dieser sie mit seiner Beredsamkeit beeindruckte. Gerda glaubt nach der Erzählung, dass der Prinz Kay sei.

Die Krähe führt Gerda nachts in das Schloss, wo der Prinz und die Prinzessin wohnen. Doch die Enttäuschung ist groß: der Prinz ist nicht Kay. Gerda ist sehr traurig. Aber auch hier findet das Mädchen in den beiden Freunde. Prinz und Prinzessin haben Mitleid mit Gerda, kleiden sie neu ein, geben ihr eine Kutsche und wünschen ihr viel Erfolg auf der Suche nach Kay. So kann sie ihre Suche fortsetzen. Gerda bekommt etwas, was ihr neue Kraft und Mut bringt: Freundschaft.

Märchen spielen in der Vergangenheit. Setze diesen Text oben ins Präteritum (Imperfekt)!

ANDERSENS MÄRCHEN AN STATIONEN
Kopiervorlagen zum Einsatz in der Grundschule – Bestell-Nr. 13 004
KOHL VERLAG

7 Station ★

Die Schneekönigin IV – Prinz und Prinzessin

Lösung

Eine Krähe half ihr weiter. Sie erzählte eine Geschichte von der Prinzessin, die einen einfachen Jungen zum Mann nahm, weil dieser sie mit seiner Beredsamkeit beeindruckte. Gerda glaubte nach der Erzählung, dass der Prinz Kay wäre.

Die Krähe führte Gerda nachts in das Schloss, wo der Prinz und die Prinzessin wohnten. Doch die Enttäuschung war groß: der Prinz war nicht Kay. Gerda war sehr traurig.

Aber auch hier fand das Mädchen in den beiden Freunde. Prinz und Prinzessin hatten Mitleid mit Gerda, kleideten sie neu ein, gaben ihr eine Kutsche und wünschten ihr viel Erfolg auf der Suche nach Kay. So konnte sie ihre Suche fortsetzen. Gerda bekam etwas, was ihr neue Kraft und Mut brachte: Freundschaft.

KOHL VERLAG ANDERSENS MÄRCHEN AN STATIONEN
Kopiervorlagen zum Einsatz in der Grundschule – Bestell-Nr. 13 004

7 Station

!

Die Schneekönigin V – Das Räubermädchen

Räuber überfielen die goldene **Kutsche**. Die Räubertochter, ein wildes, verwöhntes **Mädchen**, nahm sich Gerda zur Spielgefährtin. Gerda fühlte sich bei dem Räubermädchen ihres Lebens nicht wirklich sicher, aber was sollte sie tun?
Im Räuberschloss gab es viele Tiere, Hunde, Tauben, Waldtauben und das **Rentier** Bä. Die Waldtauben waren die ersten auf der langen Reise, die Kay wirklich gesehen hatten. Sie erzählten Gerda, wie der **Schlitten** der Schneekönigin über sie hinweggezogen war und alles mit eiskaltem **Frost** überzogen hatte.
Gerda beeindruckte mit ihrer Geschichte von der **Suche** nach Kay das Räubermädchen. Sie stattete Gerda für die lange Reise in den Norden mit Essen und **Kleidung** aus. Sie gab ihr das Rentier Bä als **Reittier** mit, weil es sich im Norden auskannte.

Setze die dick gedruckten Wörter so in das Gitter ein, dass sich das Lösungswort ergibt! Die Anfangsbuchstaben sind zur Hilfe vorgegeben.
Ä = AE

				M							
	R										
				R							
			R								
S											
			K								
				K							
	S										
				F							

ANDERSENS MÄRCHEN AN STATIONEN
Kopiervorlagen zum Einsatz in der Grundschule – Bestell-Nr. 13 004
KOHL VERLAG

7 Station

Lösung

Die Schneekönigin V – Das Räubermädchen

				M	A	E	D	C	H	E	N
	R	A	E	U	B	E	R				
				R	E	I	T	T	I	E	R
			R	E	N	T	I	E	R		
S	C	H	L	I	T	T	E	N			
			K	L	E	I	D	U	N	G	
				K	U	T	S	C	H	E	
	S	U	C	H	E						
				F	R	O	S	T			

KOHL VERLAG
ANDERSENS MÄRCHEN AN STATIONEN
Kopiervorlagen zum Einsatz in der Grundschule – Bestell-Nr. 13 004

7 Station

Die Schneekönigin VI – Die Lappin und die Finnin

Auf ihrer Reise in den Norden hielt das Rentier Bä bei der Hütte einer Lappin und später bei einer Finnin an. Beides waren Zauberinnen, die allein lebten. Sie waren klug und konnten geheimnisvolle Schriften lesen sowie über Winde und Stürme regieren.

Vor dem kleinen, hässlichen Häuschen der Lappin machten sie zuerst halt. Das Dach ging bis zur Erde hinunter, und die Türe war sehr niedrig. Nur eine Frau, die neben einer Tranlampe stand und Fische briet, war daheim. Das Rentier erzählte ihr Gerdas ganze Geschichte. Gerda war vor Kälte so erstarrt, dass sie nicht reden konnte. Die Lappin wies ihnen den Weg zur Finnin, hoch oben in Finnland.

Auch diese war sehr gastfreundlich zu beiden. Das Rentier bat um Hilfe für Gerda, damit sie für eine Begegnung mit der Schneekönigin stärker würde. Jedoch erklärte die kluge Finnin dem Rentier, dass wohl kaum einer mehr Stärke besäße als Gerda selbst.

Nun musste auch das Rentier Abschied nehmen. Es brachte Gerda noch so nah wie möglich an den Eispalast der Schneekönigin, um sie dann ihren Weg allein gehen zu lassen. Doch es schien, dass die Schneekönigin das Mädchen bereits bemerkt hatte. Denn trotz des klaren Himmels wehten Gerda lebendige Schneeflocken entgegen und erschwerten ihren Weg.

a) *Was waren die Finnin und die Lappin beide?*

b) *Warum wollte die Finnin Gerda nicht mehr Kraft verleihen?*

c) *Wie sah die Hütte der Lappin aus? Male sie auf!*

KOHL VERLAG
ANDERSENS MÄRCHEN AN STATIONEN
Kopiervorlagen zum Einsatz in der Grundschule – Bestell-Nr. 13 004

7 Station

Lösung

Die Schneekönigin VI – Die Lappin und die Finnin

a) Sie lebten beide allein und waren Zauberinnen. Sie waren klug und konnten geheimnisvolle Schriften lesen sowie über Winde und Stürme regieren.

b) Die Finnin erklärte dem Rentier, dass Gerda genug Stärke besaß, kaum einer hätte mehr davon.

c)

Lappland ist kein eigener Staat, sondern das Siedlungsgebiet der Samen, das sich hauptsächlich über den Norden von Norwegen, Schweden, Finnland und Russland erstreckt.

KOHL VERLAG
ANDERSENS MÄRCHEN AN STATIONEN – Bestell-Nr. 13 004

7 Station

★

Die Schneekönigin VII – Das Schloss der Schneekönigin

Im ewigen Eis, bei Spitzbergen, wohnte die Schneekönigin in ihrem Schloss aus Eis und Schnee. Es herrschte dort eine unendliche Einsamkeit und Weite. In der Mitte eines riesigen Saales lag ein zugefrorener See, der wie Puzzlesteine auseinandergebrochen war. Dort saß Kay und sortierte die Teile. Er wollte unbedingt das Wort „Ewigkeit" legen, aber er schaffte es nicht. Er erkannte Gerda nicht. Erst als sie vor Enttäuschung weinte, schmolzen ihre heißen Tränen das Eis in seinem Herzen und wuschen das Spiegelstückchen heraus. Jetzt konnte er auch fühlen und begann zu weinen. Seine Tränen entfernten auch das Spiegelstückchen aus seinem Auge. Er erkannte Gerda. Die beiden lagen sich in den Armen. Sie wanderten zurück in ihre Heimatstadt. Dort gingen sie hinauf in die Dachkammer der Großmutter. Alles war noch beim Alten, selbst ihre kleinen Stühlchen standen noch am Fenster. Alles war gleich, nur die beiden waren erwachsen geworden.

a) *Wer sind die Hauptpersonen in diesem Märchen? Beschreibe sie kurz!*

b) *Wie kamen die Spiegelstückchen aus Kays Herzen und aus seinem Auge?*

c) *Was denkt Kay über sein Abenteuer? Schreibe in der Ich-Form!*

d) *Wen traf Gerda alles auf ihrer Suche nach Kai?*

e) *Setze das Puzzle richtig zusammen. Was kannst du erkennen?*

7 Station

★ Lösung

Die Schneekönigin VII – Das Schloss der Schneekönigin

a) Die Hauptpersonen sind Gerda, Kay und die Schneekönigin.
Gerda ist mutig, als sie sich auf die Reise macht. Sie ist traurig wegen der Misserfolge.
Kai ist erst leichtsinnig, wird aber dann mutlos und traurig.
Die Schneekönigin ist grausam, herzlos, kalt und selbstsüchtig.

b) Als Gerda weinte, schmolz das Eis in seinem Herzen und das Spiegelstückchen wurde herausgewaschen. Dann begann auch er zu weinen und seine Tränen spülten den Splitter aus seinem Auge.

c) Ich wusste gar nicht, dass ich mich so verändert hatte. Das lag wohl an den Splittern, die mein Herz und mein Auge getroffen hatten.
Die Schneekönigin bezauberte mich. So begleitete ich sie in ihr Reich.
Dort war alles nur kalt und eisig, und ich war nur noch traurig.
Gut, dass Gerda gekommen ist und mich erlöst hat.

d) Gerda traf zuerst die Zauberin im Blumengarten, dann eine Krähe, die sie zu Prinz und Prinzessin führte. Anschließend lernte sie das Räubermädchen kennen, das ihr Bä, das Rentier, schenkte. Damit kam sie zur Lappin und zur Finnin, und schließlich zum Schloss der Schneekönigin.

e) So sieht das Bild aus: Du siehst einen Jungen, der Puzzleteile sucht.